She'riy san'atlar yuzasidan testlar to'plami

Bobonazarova Gulzoda

© Bobonazarova Gulzoda

She'riy san'atlar yuzasidan testlar to'plami

by: Bobonazarova Gulzoda

Edition: July '2024

Publisher:

Taemeer Publications LLC (Michigan, USA / Hyderabad, India)

ISBN 978-93-5872-682-4

© Bobonazarova Gulzoda

Book	:	She'riy san'atlar yuzasidan testlar to'plami
Author	:	Bobonazarova Gulzoda
Publisher	:	Taemeer Publications
Year	:	'2024
Pages	:	66
Title Design	:	*Taemeer Web Design*

Mundarija

She'riy san'atni toping

1-variant

1.Ayoqingg'a tushar har lahza gesu,

Masaldurkim, **charog' tubi qorong'u**
(Lutfiy)

A)Talmeh

B) irsoli masal

C)Tashbeh

D) tanosub

2.**Sulaymon** saltanatlik podshosen

Masih anfoslik, **Yusuf** liqosen.(Xorazmiy)

A)tazod

B) tardi aks

C)talmeh

D) tamsil

3.Senmisan yo bog'ima sarvi ravonim keldimu,

Yo malak **odam sifat** bo'lgan zamonim keldimu?

A) Husni ta'lil
B) Tazod
C) Talmeh
D) Tashbeh

4.**Qoshing, erning yuzung**, ey rashki rizvon

Hilol-u, kavsar-u, **bog'i jinon**dir(Lutfiy)

A)istiora

B) laf va nashr

C)tamsil

D)jonlantirish

5.Tamanno qilg'ali **lali**ngni ko'nglum,

Kishi bilmas oni kim, qoldi qanda.(Lutfiy)

A)nido

B)tashxis

C)intoq

D)istiora

6.Tilar el mansabi oliy va lekin,

   Atoyi **sarvi ozodingg**'a banda.

A)tarse

B)ishtiqoq

C)istiora

D) talmeh

7.Orazin yopqoch ko'zimdin sochilur har lahza yosh,

   O'ylakim, paydo bo'lur yulduz, nihon bo'lg'och quyosh(Navoiy)

A)irsoli masal

B)talmeh

C)tamsil

D)tardi aks

8.Quyosh oydek yuzungning xijlatidin,

   Qochib, to'rtinchi ko'k uzra chiqibdur (Lutfiy)

A) Husni ta'lil

B) Istiora

C) Ishtiqoq

D) Tafrit

E)

9.Har kishikim birovga qazigay choh,

Tushgay ul choh aro o'zi nogoh.(Navoiy)

A)tashbeh

B)irsoli masal

C)ishtiqoq

D)ta'did

10.Nozuklik ichra belicha yo'q tori gesuyi,

O'z haddini bilib, belidin o'ltirur quyi(Lutfiy)

A)husni ta'lil

B)tarse

C)tashbeh

D)mubolag'a

11.Tarab tiflin tug'urdi dahr zoli,

Ango bo'ldi magarkim doya Navro'z(Ohahiy)

A)istiora

B)jonlantirish

C)iyhom

D)ta'did

12. –Quloq solgin xon otangning tiliga

Qo'zim ketaylik-da Oqtosh eliga.("Rustamxon")

A)irsoli masal

B)tashbeh

C)nido

D) jonlantirish

13.Ey sabo, holim borib sarvi xiromonimg'a ayt,

Yig'larimning shiddatin gulbargi xandonimg'a ayt(Navoiy)

A)nido

B)ta'did

C)tarse

D)tanosib

14.Oqardi soch, nadomat ashkini soch,

    Yaqong ushla dahoni ma'zirat och.

a)talmeh

B)tajnis

C)iyhom

D)sa'j

15.O'qi bu Lutfiy mungluq niyoznomasini

    Savob –u olqqish-u yuz ming duo
kerak.(Lutfiy)

A)talmeh

B)ruju

C)ta'did

D)tarse

2-variant

1.Qilsa zulm ul zolim elni qilmag'il, yo Rab zabun

Chun tazallumdur ishin doim meni mazlum qil,(Navoiy)

A) Mulamma
B) Muvashshah
C) ishtiqoq
D) ko'chim

2.Beling sarv-u sanobartek beling qil,

Vafo qilgan kishilarga vafo qil.

A)ko'chim

B) tafrit

C)tarse

D)sa'j

3.Ko'nlung joyi to dar otashi ishqat muqarrar sho'd,

Chiqa olmay o'ttin bir nafas hamchun samandar sho'

A)tafrit

B)mulamma

C)tarse

D)ko‘chim

4.Muruvvat barcha bermakdir yemak yo‘q,

Futuvvat barcha qilmakdir demak yo‘q.(Navoiy)

A)ishtiqoq

B) tafrit

C)tarse

D)sa’j

5.Gul kabi gulgun yonib gulashan aro Gulchehralar,

Gul uzib, o‘ynar qo‘yib gulga bino Gulchehralar.(E.Vohidov)

A)ta’did

B)tajnis

C)ishtiqoq

D) tafrit

6.Ta'lim gulchehra nargis ko'zlilari bor,

Shakar dudog'li, shirin so'zlilari bor.(xorazmiy)

A)ta'did

B)tarse

C)ko'chim

D)tashbeh

7.Ey bag'ritosh, ko'nglim evin aylama xarob,

Kim surating chizilmish aning ich-u toshinda(Xorazmiy)

A)mulamma

B)tajnis

C)tashbih

D)tanosib

8.Yuz ochg'il, ko'z seni to'yguncha ,

Necha bo'lg'ay bu ko'zim muntazir, och.(Lutfiy)

A)tarse

B)tajnis

C)ta'did

D)mulamma

9.Oqardi soch, nadomat ashkini soch,

   Yaqong ushla dahoni ma'zirat och

A)tardi aks

B)istiora

C)tajnis

D)mulamma

10.Oshar yeldin seni yelganda oting,

   Quyosh yang'lig' jahonni tutti oting

A)tashbeh

B)tajnis

C)mulamma

D) A va B

11.Bosh qo'yay dedim oyog'i tufrog'iga, dedi:"Qo'y"

   Bo'sa istab la'li rangin so'rdum, ersa dedi:"Ol"

A)ta'did

B)iyhom

C)iltizom

D)tashbih

12.Anda bir shoh hokim-u voliy,

   Mulki ma'mur-u himmati oliy..

A)tashbih

B)tanosib

C)mubolag'a

D) tarse

13.Zulfung cheriki jamol mulkin,

   Oldi ko'zung ittifoqi birla(Atoyi)

A)muvashshah

B)tafrit

C)tanosub

D)tarse

14.Quyosh seni ko'rub andoq uyaldi o'z yuzidin,

Ki yerga kirdi tura olmay infioli bila(Navoiy)

A)tamsil

B)husni ta'lil

C)jonlantirish

D)ishiqoq

15.Umrni oshiq hamisha o'tkazur orzu bilan,

"Oyning o'n beshi qorong'u , o'n beshi yog'du bilan".(E.Vohidov)

A)tardi aks

B)tashbeh

C)irsoli masal

D)tafrit

3-variant

1.Solib borma meni ey Yusufi husn,

   Bukun Ya'qubdek baytul xazanda

A)irsoli masal

B)talmeh)

C)iltizom

D) jonlantirish

2.Yetti jon og'zimgakim, chiqmas uyidin ul hur,

   Chiqmag'an jondin umid ushbu masaldur mashhur

A)tasgbeh

B) irsoli masal

C)jonlantirish

D)tarse

3.Bo'ldi bag'rim suv g'amingdin, yaxshilik qil suvg'a sol;

Oxir, ey gul xirmani, albatta har ekkan o'ror(Atoyi)

A)tashbeh

B)irsoli masal)

C)tazod

D)tajnis

4.Ey ko'ngul, ishq ichra yo'q shoh-u gadog'a imtiyoz:

O't aro tengdur quruq va ho'l yog'ochning xirqati.

A)tardi aks

B)irsoli masal

C)nido

D) jonlantirish

5. Shaftoli der: kuz chog'lari

Sharbatga lim-lim to'laman

A)tashxis

B)intoq

C)nido

D)istiora

6.Jong'a chun dermen:ne erdi o'lmagim kayfiyati?

   Derki: Bois bo'ldi jism ichra marazning shiddati.(Navoiy)

A)husni ta'lil

B)tashbih

C) intoq

D)tashxis

7.Labingdin chun suchuklik qand o'g'urlar,

  Solurlar el ani suvg'a yalang'och(Lutfiy)

A)tamsil

B)husni ta'lil

C)ta'did

D)nido

8.Kecha kelgumdur debon ul sarvi gulro' kelmadi,

Ko'zlarimg'a kecha tong otguncha uyqu kelmadi.(Navoiy)

A)iyhom

B) tablig'

C)ig'roq

D) g'uluvv

9.Osh misol taboqda ko'z yoshi,

Kurmaki ko'p guruchidin, toshi(Muqimiy)

A)tablig'

B)ig'roq

C)g'uluv

D)tafrit

10.To Navoiy to'kti ul oy furqatidin bahri ashk,

Har qachon boqsang quyosh aksi oning yoshindadir

A)tashbeh

B)istiora

C)takrir

D)iltizom

11.Qaro qoshing, qalam qoshing, qiyiq qayrilma qoshing qiz,

Qilur qatlima qasd qayrab qilich qotil qaroshing, qiz.

Qafasda qalb qushin qiynab, qanot qoqmoqqa qo'ymaysan,

Qarab qo'ygin qiyo, qalbimni qizdirsin quyoshing, qiz.(E.Vohidov)

A) Tajohili orif
B) Tavze
C) Tazod
D) Tazmin

12.Yuzing guliga ko'ngul ravzasin yasa gulashan,

Qading niholig'a jon gulshanin chaman qilg'il(Navoiy)

A)tajohili orif
B)tavze
C)istiora
Dmukarrir

13.Podshoh yo'qlatsalar nogoh gado deb axtaring.(Muqimiy)

A)talmeh

b)tazod

C)tashbeh

D)tavze

14.Manga sensiz tirilgandan o'lim yuz qatla ortuqdur,

Bu so'zda, haq bilur, ko'nglum tili birla muvofiqdur(A.Navoiy)

A)tajohili orif

B)tazod

C)tazmin

D)tashbeh

15.Qaysi gulning men kibi bir andalibi zori bor?

Qaysi bulbulning seningdek bir guli bexori bor?(Munis)

A)taxmis

B)tazmin

C)savol va javob

D) tajohili orif

4-variant

1.Mengiz yo ravzayi rizvonmidur bu?

   Og'iz yo g'unchayi xandonmudur bu(Atoyi)

   A) Tavze
   B) Tajohili orif
   C) Istiora
   D) Tasbe

2.Xo'blarida seningdek bir mahbub qani nozuk,

   Boshdin ayoq zebo, bel-u badani nozuk.(Lutfiy)

A)mukarrir

B) tajohili orif

C)tavze

d)tashbeh

3.Bu kun vaslingni tark ayla, tilar jannat zohidlar,

   Berurlar nasyag'a naqdni, ne nodon
xaloyiqdur?(Atoyi)

A)talmeh

B)tazod

C)takrir

D)tanosub

4.Mengizlari gul-gul mijalari xor,

   Qaboqlari keng-keng og'izlari tor

A)tasbe

B)iltizom

C)tazod

D)ishtiqoq

5.Sensan sevarim xoh inon, xoh inonma,

   Qondur jigarim xoh inon, xoh inonma.(Lutfiy)

Sensan sevarim, xohi inon, xohi inonma,

Qondur jigarim xohi inon, xohi inonma(Mashrab)

A)tazmin

B)tashbeh

C)tazod

D)tanosub

6.Surmadin ko'zlar qaro allar xinodin lolarang.(Fuzuliy)

Surmadin ko‘zlar qaro, qo‘llar xinodin lola rang(Furqat)

A)talmeh

B)mukarrir

C)tazmin

D)tasbe

7.Debon bergan kishi erdur va lekin

Demay berganga erlik bil musallam.

Ne deb, ne bersa bilgil ani xotun,

Debon bermasmi xotundan dag‘i kam.

A)tasbe

B)iltizom

C) iyhom

D)irsoli masal

8.Jonim olur, ey pari, holimg‘a boq,

Ishtiyoq –u ishtiyoq-u ishtiyoq.(Ogahiy)

A)takrir

B)tanosub

C)tarse

D)tashbeh

9.Yetishsa ishq aro yuz mehnat- balo, qadah ich,

   Nafas-nafas quyubon may to'la-to'la qadah ich(Navoiy)

A)tasdir

B)takrir

C)tasbe

D)tardi aks

10. Men bu yuz mushtoqidurmen, bog'-u bo'stonkim bo'lur,

     Bo'lmasin nasrin-u lola, arg'uvon sizsiz menga,(Atoyi)

A)mukarrir

B)tasdir

C)tasbe

D)tardi aks

11.O'lim deyish mumkinmi axir,

Yengib o'lgan bunday o'limni.(Musa Jalil)

A)ishtiqoq

B)istiora

C)tasdir

D)tardi aks

12.Kuchim yetguncha ko'p qildim vafolar,

   Vafoli qulni asrab podsholar(Xorazmiy)

A)tarse

B)tasbe

C)ishtiqoq

D) tashbeh

13.Menga dushvor erur sensiz tirilmoq,

   Senga men bo'lmasam, ey jon, ne g'amdur.(Atoyi)

A)tardi aks

B)tarse

C)tanosub

D)tazmin

14.Ko'zing ne balo qaro bo'lubtur

Kim jong'a qaro balo bo'lubtur.

Majmu'i davoni dard qildi,

Dardingki, manga davo bo'lubtur.

Ishq ichra oning fidosi yuz jon,

Har jonki, sango fido bo'lubtur.(Navoiy)

A)tarse

B)tardi aks

C)kitobat

D)ruju

15.Qaro ko'zum kelu mardumliq emdi fan qilg'il,

Ko'zim qarosida mardum kibi Vatan qilg'il

A)taxmis

B)iltizom

C)tardi aks

D)radd ul-matla

5-variant

1.Bizki buyuk jahon aro kishvari faqr shohimiz,

Boshimiz uzra ohimiz shu'lasidir kulohimiz.

A)kitobat

B0ruju

C)rad ul matla

D)istiora

2.Besh harf dedi-yu bo'ldi taslim,

Alif, be, te, se, jim

A)ta'rix

B)kitobat

C)ruju

D)tazmin

3.Alifdek qomating doldek bukildi

A)kitobat

B)ruju

C) iltizom

D)intoq

4.O‘n sakiz yil dema yuz sakson yil o‘lsa uldurur,

  Husn shohi ul balolarkim ko‘z-u qoshindadur(Navoiy)

A)ta'rix

B)ruju

C)rad ul-matla

D)intoq

5.Vale yodiga keldikim ul oy,

  Demay oy, oftobi olamoroy

A)intoq

B)tazmin

C)ruju

D)ta'rix

6.Kuchum yetguncha ko‘p qildim vafolar,

  Vafoli qulni asrar podsholar.(Xorazmiy)

A)tasbe

B)tasdir

C)iltizom

D)ruju

7.Labing bag'rimni qon qildi, ko'zimdin ravon qildi,

   Nechun holim yamon qildi, men andin bir so'rorim bor.

A)talmeh

B)tanosub

C)tasdir

D)tardi aks

8.Kecha-kunduz ko'yingda ko'ngil kuyib kulga kon,

   Ko'kda ko'ngil kuyin kuylar ki kavokibi kamon.

A)tardi aks

B)tasbe

C)tavze

D)istiora

9.Men seni tinchitmayman va lekin injitmayman.(Mirtemir)

A)tasbe

B)tazod

C)tanaosub

D)tasdir

10.Yetishsa ishq aro yuz mehnat-u balo, qadah ich,

    Nafas-nafas quyubon may to'la-to'la qadah ich

A)tasdir

B)mukarrir

C)ruju

D)iltizom

11.To Navoiy to'kti ul oy furqatidin bahri ashk,

Har qachon boqsang quyosh, aksi oning yoshindadur

A)ramz

B)istiora

C)tashbeh

D)iltizom

12.Yangrasin Erkin so'zing , aslo tiling lol o'lmasin,

Dast ko'tar davron yukin, egma qadding yo qalam

A)iltizom

B)itfoq

C)ko'chim

D)nido

13.Sakkokiy yig'lab, ko' yoshin yoz yomg'iridek yog'durur

Yetkurgil oni, ey sabo, yuzi guli xandonima.(Sakkokiy)

A) Tashbeh
B) Mubolag'a
C) Ko'chim
D) Tasdir

14.Oh urarman oh urarman, ohlarim tutsin seni

,

Ko'z yoshim daryo bo'lib, baliqlari yutsin seni

A)ig'roq

B)g'uluv

C)tablig'

D)ko'chim

15.Shomurti shoxlari har yoqqa ketgan,

Ichida sichqonlar bolalab yotgan.

A)tafrit

B)giperbola

C)ishtiqoq

D)tasbe

6-variant

1.Lobaqodur qalbiy, qalbing bog'lama
iqbolingga.(Turdi)

A)muvashshah

B)qalb

C)ishtiqoq

D)giperbola

2.Nozuklik ichra belicha yo'q tori gesuyi,

   O'z haddini bilib belidin o'lturur quyi(Lutfiy)

A)tashbeh

B)tanosub

C)husni ta'lil

D) tazod

3.Jong'a chun dermn: ne erdi o'lmagim kayfiyati,

 Derki: Bois bo'ldi jism marazning shiddati

A)tashxis

B)Intoq

C)nido

D)giperbola

4.Ko'z yoshim tuproq ila gar qotila,

   Kelmagayman javridin, haqqo tila,

   G'amzasi o'ltiirdi-yu, ul bexabar,

   Men agar o'lsam, ne g'am ul qotila(Lutfiy)

A)giperbola

B)tajnis

C)tanosub

D)intoq

5.Oqardi soch, nadomat ashkini soch,

   Yaqong ushla dahoni ma'zirat och.

A)tasdir

B)ishtiqoq

C)tajnis

D)tanosub

6.Ey, ko'ngul, ishq ichra yo'q shoh-u gadog'a imtiyoz:

 O't aro tengdur quruq yo ho'l yog'ochning xirqati

A)irsoli masal

B)giperbola

C)tasbe

D)iltizom

7.Ul oy o'tlug' yuzini ochsa, Navoiy, tegnasin deb ko'z,

 Muhabbat tuxmidin o'zga ul o't uzra sipand etmas.

A)tamsil

B)irsoli masal

C)giperbola

D)ishtiqoq

8.Xizr otamlarg'a birodar erur ,

 Chimlig' azizlar manga dodar erur

A)tamsil

B)talmeh

C)giprtbola

D)tazod

9.Qatrayman nochiz, ammo zoti qulzum Turdiman,

  Keluran amvojga bahri talotum Turdiman.

A)tazod

B)talmeh

C)kitobat

C)ruju

10.Kayxusrav qilichidin kesikbosh bobom xoki,

   Kim noxos oyoq qo'ysa, haqoratga yo'yaman

A)tazod

B)talmeh

C)tazmin

D)ta'rix

11.Shamollardan bitib sho'x kuy

   Taklif etdim bog'imga

Chamanlardan ular xushbo'y

Sepishdi dimog'imga

A)tazod

B)tashxis

C)tazmin

D)tardi aks

12.Boshni fido ayla ato boshig'a,

Jismni qil sadqa ano qoshig'a.

Tun-kuningga aylagali nur fosh

Birisin oy angla, birisin quyosh.

A)tanosub

B)tashbeh

C)tazod

D)tamsil

13.Yuzung guliga ko'ngil ravzasin yasa gulashan,

Qading niholiga jon gulshanin chaman qilg'il

A)tashbeh

B)tanosub

C)istiora

D)tazod

14.Guli ruxsoringa qarshu ko'zumdin qonli oqar suv

   Habibim, fasli guldir bu, oqar suvlar bulanmasmu

A)tashbeh

B)tanosub

C)takrir

D)A va B

15.Ohkim, bo'ldi subhi nashotim shomi g'am ,

   Chehra pinhon etti xurshidi tobon oqibat

A)talmeh

B)tazod

C)tarse

D)tamsil

7-variant

1.Ul sanamkim suv yaqosinda paritek o'lturur,

   G'oyati nozuklikidin suv bila yutsa bo'lur

A)tanosub

B)talmeh

C)tashbeh

D)tazmin

2.Jamoling vasfini qildim chamanda,

   Qizordi gul uyatdin anjumanda

A)husni ta'lil

B)tashxis

C)tanosub

D)A va B

3.To magarkim salsabil obina javloni qila,

   Keldi jannat ravzasindin obi Kavsar sori hur,

A)tazod

B)talmeh

C)tanosub

D)husni ta'lil

4.Tamanno qilg'ali la'lingni ko'nglim,

   Kishi bilmas oni kim, qoldi qanda

A)istiora

B)talmeh

C)tazod

D)tarse

5.Chu jonimdin aziz jonona sensan,

   Kerakmas jon manga sensiz badanda

A)takrir

B)talmeh

C)tanosub

D)ta'did

6.Odamg'a seni o'xshata bilmonki, parisen,

  Nortek yanoqing bog'i Iramdur manga, ey do'st.

A)tashbeh

B)nido

C)talmeh

D)A,B,C

7.Og'zingg'a fido jonki, tabassum qilib aytur:

   "Har lahza Atoyi ne adamdur manga, ey do'st"

A)tazod

B)nido

C)talmeh

D)tasdir

8.Diydor ila qoni qoni' emas erdim esa, hajring,

   Bisyor jafo ayladi, kamdur manga, ey do'st.

A)tazod

B)nido

C)tarse

D)A va B

9.Qo'y qissayi Jamshedni jomi ilingdin,

   Gar bo' lsa dame mulkati Jamdur manga, ey
do'st .

A)tazod

B)talmeh

C)tanosub

D)ta'did

10.To tutdi Navoiy oyati ishq,

   Ishq ahli aro navo bo'lubtur.

A)tardi aks

B)ishtiqoq

C)A va B

D)tarse

11.Kerakmas oy ila kun shaklikim, husn-u
malohatdin

   Ichim ul chok-chok etmas, tanim bu band-band
etmas

A)jam-u taqsim

B)tarse

C)tasdir

D)giperbolo

12.Buki qilmishmen jahon-u jonni aning sadqasi,

Yuz tuman jon-u jahondin yaxshi jononimg'a

A)taarse

B)mubolag'a

C)itfoq

D)tasbe

13.Dahr bog'i gullari husnin vafosiz erkanin,

Yuzi gul, jismi suman, ko'yi gulistonimg'a
ayt

A)irsoli masal

B)ta'did

C)takrir

D)tazod

14.Birni Qipchoq-u Xitoy-u, birni Yuz, Nayman demang,

   Qirq-u Yuz, Ming son bo'lub, bir xon oyinlik qiling

A)tajnis

Bta'did

C)tazod

D)A,B,C

15.Mengiz yo ravzai rizvonmudur bu?

   Og'iz yo g'unchai xandonmidur bu?

A)istiora

B)tajohil ul-orif

C) husni talil

D)tashbeh

8-variant

1.Ey bag'ritosh, ko'nglum evin aylama xarob,

   Kim surating chizilmish aning ich-u toshinda.

A)tajnis

B)tazod

C)talmeh

D)ta'did

2.Dardga to'lding, g'amga to'lding, telba bo'lding,

   Ishq dardini so'rsang hargiz darmoni yo'q

A)talmeh

B)ta'did

C)tazod

D)takrir

3. O'qi bu Lutfiy mungluq niyiznomasini,

   Savob-u olqish-u yuz ming duo kerak bo'lsa

A)talmeh

B)ta'did

C)tashbeh

D)tazod

4.Olma yanoqing ko'rgach, men bandi nechuk o'lmay?

Bodom ko'zi fitna, pista dahani nozuk.

A)tardi aks

B)tanosub

C)ta'did

D)itfoq

5.Zulfung cheriki jamol mulkin

Oldi ko'zung ittifoqi birla,

A)ta'did

B)tanosub

C)tashbeh

D)tasdir

6.Men bu yuz mushtoqidurmen, bog'-u bo'stonkim bo'lur,

  Bo'lmasin nasrin-u lola, arg'uvon sizsiz menga

A)tasdir

B)tardi aks

C)tarse

D)tashbeh

7.Kuchum yetguncha ko'p qildim vafolar,

  Vafoli qulni asrar podsholar

A)tasbe

B) tardi aks

C)tashbeh

D)istiora

8.Zulfung cheriki jamol mulkin,

 Oldi ko'zung ittifoqi birla,

A)tazod

B)talmeh

C)tanosib

D)tardi aks

9.Kuchum yetguncha ko'p qildim vafolar,

   Vafoli qulni asrar podsholar(Xorazmiy)

A)tarse

B)tasbe

C)tasdir

D)nido

10.Menga dushvor erur sensiz tirilmoq,

   Senga men bo'lmasam, ey jon, ne g'amdur.

A)Nido

B)tarse

C)tasdir

D)tashbeh

11.Sensiz u jahon ayshi alamdur manga, ey do'st,

   Shodlig'i ham mehnat-u g'amdur manga, ey
do'st

A)tardi aks

B)nido

C)ishtiqoq

D)tasbe

12.Necha kun, necha tun orada o'tdi,

Rustamga Sultonxon u so'zni aytdi:

-Quloq solgin xon otangning tiliga,

Qo'zim ketaylik-da Oqtosh eliga.

A)tarse

B)tardi aks

C)nido

D)iltizom

13.Dahr bog'i gullari husnin vafosiz erkanin,

Yuz gul, jismi suman, ko'yi gulistonimg'a ayt.

A)ta'did

B)talmeh

C)tardi aks

D)tanosub

14.Boqiy topar ulki, bo'ldi foniy,

   Ravrag'a baqo fano bo'lubtur

A)iltizom

B)talmeh

C)tazod

D)tanosub

15.Kerak o'z chobuki qotilvashi Majnunshiorkim,

   Buzug' ko'nglumdin o'zga yerda javloni
samand etmas.

A)tarse

B)giperbolo

C) talmeh

D)ta'did

9-variant

1.Ey orazi shams-u qamarim netti ne bo'ldi?

   V-ey tishlari durr-u guharim, netti, ne bo'ldi?

A)tamsil

B)nido

C)tanosib

D)B va C

2.Diydor ila qoni' emas erdim esa, hajring

  Bisyor jafo ayladi, kamdur manga, ey do'st.

A)talmeh

B)tazod

C)radd-ul matla

D)sa'j

3. Ko'nglum yuzini javr ila chun sendin uyurmon,

   Oxir necha bu javr-u sitamdur manga, ey do'st.

 A)tarse

B)nido

C)tardi kas

D)ishtiqoq

4.Ne deb, ne bersa bilgil ani xotun,

  Debon bermasni xotundin dag'i kam.

A)iltizom

B)tarse

C)tashbeh

D)tazod

5.Dushman-u do'st orasinda meni g'ofilni mudom,

  Besar-u po qiladurg'on bu ko'nguldur, bu ko'ngil.

A)tazod

B)tarse

C)talemh

6.Yuzungni tuttim ortuq Oy-u Kundin,

"Kishining ko'zidur, ore, tarozu"

A)irsoli masal

B)talmeh

C)tardi aks

D)ta'did

7. Tilar vaslingni, Lutfiy, qil ijobat,

    Ki ayturlar:"Tiloganni- tilogu"

8.Tuturman ko'zki, ko'rsam orazingni,-

    Ki derlar: "Oqqan ariqqa oqar suv

A)tardi aks

B)irsoli masal

C)ta'did

D)tashbeh

9.Doda keldim, ey salotin sarvari, dodim eshit,

   Sen shah-u men benavo, lutf ayla, faryodim eshit

A)tazmin

B)tazod

C)tasdir

D)tardi aks

10.Kelki, bir soat seni ko'rmoq uchun mushtoqmen,

   Telba bo'ldim sendin ayru, ey parizodim, eshit,-

A)iltizom

B)tasdir

C)nido

D)giperbolo

11.Har nechakim sabr ta'mirini bunyod ayladim,

   Ashk selobida vayron o'ldi obodim eshit

A)ishtiqoq

B)tazmin

C)tazod

D)iltizom

12.Sarvi nozim, sendin ayru naxli ohim bo'ldi xam,

Qomating hajrida sindi shoxi shamshodim, eshit

A)ishtiqoq

B)tashbeh

C)tazod

D) irsoli masal

13. Vasl uyin obod qildi, buzdi hijron oqibat,

Seli g'amdin bu imorat bo'ldi vayron oqibat

A)intoq

B)radd-ul sadr

C)tazod

D)talmeh

14.Zohido ishq-u muhabbat ahlini ma'zur tut,

Yor ko'yida na bo'ldi Shayxi Sa'non oqibat

A)tarse

B)irsoli masal

C)tamsil

D)tardi aks

15.Garchi bor erdi musaxxar devlar farmonida,

Poymoli xayli mo'r o'ldi Sulaymon oqibat

A)tajnis

B)talmeh

C)tarse

D)ishtiqoq

10-variant

1.Nodira, bulbul kabi to nola insho ayladim,

   Navbahor o'tti, xazon o'ldi guliston oqibat

A)tajnis

B)tardi aks

C)tanosub

D)tajnis

2.Vasl uyin obod qildi, buzdi hijron oqibat

   Seli g'amdin bu imorat bo'ldi vayron oqibat

A)tajnis

B)tardi aks

C)tazod

D)tasdir

3.Qildi choki pirahan dog'i dilimni oshkor,

   Qolmadi ko'nglimda zaxmi ishq pinhon oqibat

A)tarse

B)tazod

C)tamsil

D)tasdir

4.Ey ashk, ko'zimning maktabidin

  Hayrat sabaqin ravon etib ket

A)tardi aks

B)tamsil

C)tazod

D)nido

5.Kel, ishq yo'lida ko'zlaringni,

  Ey Nodira, durafshon etib ket

A)nido

B)tashbeh

C)istiora

D)ta'did

6.Yoqub bikin ko'p yig'idin qolmadi sensiz,

  Nuri basarim, xoh inon, xoh inonma

A)talmeh

B)tazod

Ctajnis

D)A va B

7.Yo qoshingdin necha bir oʻq koʻz tutay,

   Otki, oʻrusgʻa oning koʻz tutay.

   Necha koʻrgach oʻzga mahvashlar qoshin,

   Yangi Oy koʻrggan kishidek koʻz tutay

A)tajnis

B)tarse

C)tasdir

D)tardi aks

8.Tutalimkim. ashk selobina yoʻqdur eʼtibor,

   Ey Fuzuliy, chashmi giryoning kerakmazmi sanga?

A)irsoli masal

B)nido

C)istiora

D)tashbeh

8.G'amzasin sevding, ko'ngul, joning
kerakmazmi sanga?

 Tig'a urdung jismi uryoning kerakmazmi sanga?

A)tasdir

B)istiora

C)nido

D)talmeh

9.Yela verma dog'idub hayron, ayoqlardan ketur,

   Ey pari, zulfi parishoning kerakmazmi sanga?

A)istiora

B)tashbeh

C)nido

D)tasdir

10.Ey kamanabro', raqiba verma g'amzangdan
nasib,

O'q otarsan tosha, paykoning kerakmazmi sanga?

A)tasdir

B)nido

C)intoq

D)ruju

11.Yondirib jonim, jahonso'z etma barqi ohimi,

Osmon xurshidi raxshoning kerakmazmi sanga

A)tasdir

B)istiora

C)tashbeh

D)nido

12.Kufri zulfindan mani ma'n aylamak loyiqmudur,

So'fiy, insof ayla, iymoning kerakmazmu sanga

A)tashbeh

B)nido

C)ruju

D)radd-ul matla

13.Otashin ohim-la aylarsan manga taklifi bog'

Bog'bon, gulbargi xandoning kerakmazmi sanga.

A)istiora

B)ruju

C)nido

D0tasdir

14.Olovdek yonib turgan ohim bilan meni bog' taklif qilasan,

Ey bog'bon, senga kulib turgan gul bargalaring kerak emas,

A)nido

B)tasdir

C)ruju

D)istiora

15.Dudi ohim shu'lasi husning dabaristonida

Misrayi barjastadur, ey sarvi ozodim, eshit

A)talmeh

B) istiora

C)nido

D)tazod

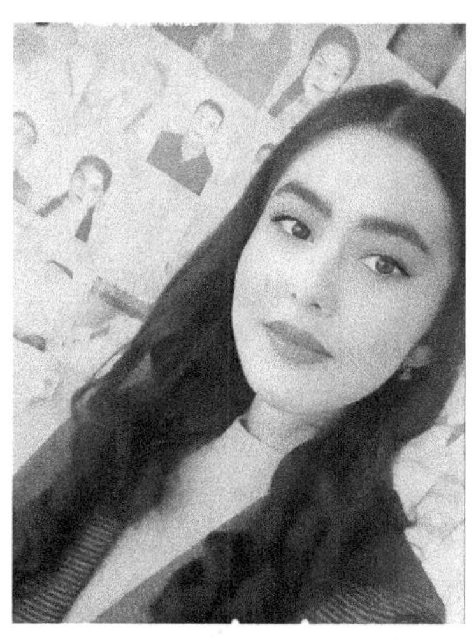

Bobonazarova Gulzoda Alisher 2002 yil 15 iyunda Xorazm viloyati Gurlan tumanida tug'ilgan. Urganch davlat universiteti O'zbek filologiyasi fakulteti 3-kurs talabasi. "Texnik ko'nikmalarni rivojlantirish uchun butun Hindiston kengashi" tashkilotining faol a'zosi. "Global ta'lim", ya'ni xalqaro ta'lim elchisi, "Foundress International the love of mother Teresa" xalqaro tashkilotining a'zosi. U Argentinaning "Juntos Parlas Letras" yozuvchilar uyushmasi a'zosi. "SPSC" xalqaro tashkiloti a'zosi. Qozog'iston "Qo'shqonot" xalqaro yozuvchilar uyushmasi a'zosi, **"Xalqaro xizmatlari uchun" medali sohibasi**. Qozog'iston Respublikasi "Qo'shqonot" ijodiy jamg'armasi bilan hamkorlikda o'tkazilayotgan "Hikmat izlaganga hikmatdir dunyo" xalqaro tanlovi ishtirokchisi. U Britaniya akademiyasining "Super ko'rish – samarali muloqot ko'nikmalari", "Barqarorlik va iqlim o'zgarishi" hamda "Biznes razvedkasi va bilimlarni boshqarish tizimlari" kurslarini tamomladi va maxsus sertifikatlarga ega bo'ldi. Xalqaro ilmiy forum ishtirokchisi. Universitet miqyosida o'tkazilgan "Kitobxon Talaba" ko'rik-tanlovining 2-o'rin g'olibi va universitet miqyosida o'tkaziladigan "Ilm nihollari" an'anaviy ilmiy-amaliy anjumanining faol ishtirokchisi. U adabiyot fanidan **"Umumrossiya" olimpiadasida qatnashib, 1-o'rinni** egalladi.

Uning publitsistik maqolalari va ijodiy ishlari "Page 3 news", "Kenya times", "Classico opine" xalqaro gazetalarida chop etilgan. Ijodiy asarlari "Justfiction Edition" xalqaro antologiyasi va "O'zbekiston yoshlari" antologiyasida chop etilgan. 30 dan ortiq ilmiy va ilmiy-ommabop maqolalar muallifi. Buyuk Britaniyaning "JustFixtion Edition" nashriyotida "Ajoyib dunyo" nomli birinchi mualliflik she'riy kitobini chop etdi. Shuningdek, "Xorazm" nashriyoti tomonidan "10-sinf adabiyot darsligi bo'yicha savol-javoblar" o'quv qo'llanmasi, "Globe edit" nashriyotida monografiyasi chop etildi.